글 **마리오 쿠에스타 에르난도** Mario Cuesta Hernando

마리오는 저널리스트이자 대본 작가입니다. 주로 모험과 자연을 중점적으로 다루는
프로그램에 참여했습니다. 여행하며 남극 대륙도 찾아간 적이 있답니다.

그림 **라켈 마르틴** Raquel Martín

라켈은 스페인 바르셀로나 출신의 프리랜서 일러스트레이터입니다. 지중해의 아름다운 섬 미노르카에 살고 있어요.

옮김 **김선희**

한국외국어대학교를 졸업하고, 대학원에서 '외국어로서의 한국어교육'을 공부했어요.
소설 《십자수》로 근로자문화예술제에서 대상을 받았으며, 뮌헨국제청소년도서관(IYL)에서 펠로십(Fellowship)으로
어린이 및 청소년 문학을 공부했어요. 그동안 옮긴 책으로는 《윔피 키드》《드래곤 길들이기》《위저드 오브 원스》《멀린》시리즈,
《생리를 시작한 너에게》《팍스》《두리틀 박사의 바다 여행》《공부의 배신》《지구와 친구하기》등 200여 권이 있습니다.

Antártida (Antarctica)

by **Mario Cuesta Hernando** and illustrated by **Raquel Martín**
Copyright © Mosquito Books Barcelona, S.L., 2020
All rights reserved
Korean translation copyright © Dorim Books, 2021
Korean translation rights arranged with Mosquito Books Barcelona, S.L. through Orange Agency.

이 책은 오렌지에이전시를 통한 저작권자와의 독점계약으로 도림북스에서 출간되었습니다.
저작권법에 의해 한국 내에서 보호를 받는 저작물이므로 무단 전재와 복제를 금합니다.

놀라운 대륙, 남극

1판 1쇄 펴낸 날 2021년 7월 21일

글 마리오 쿠에스타 에르난도 | 그림 라켈 마르틴 | 옮긴이 김선희
기획·편집 신이수 | 디자인 이지선
펴낸이 신이수 | 펴낸곳 도림북스, 경기도 남양주시 화도읍 맷돌로 50
팩스번호 02-6442-1423
출판등록 제399-2017-000024호
블로그 blog.naver.com/dorimbooks
인스타그램 @dorimbooks_
이메일 dorimbooks@naver.com
ISBN 979-11-87384-22-9   77400

도림:아이는 도림북스의 출판 브랜드입니다.

놀라운 대륙, 남극

마리오 쿠에스타 에르난도 *Mario Cuesta Hernando* 글
라켈 마르틴 *Raquel Martin* 그림
김선희 옮김

도림:아이

이 책으로 여러분은 알게 될 거에요

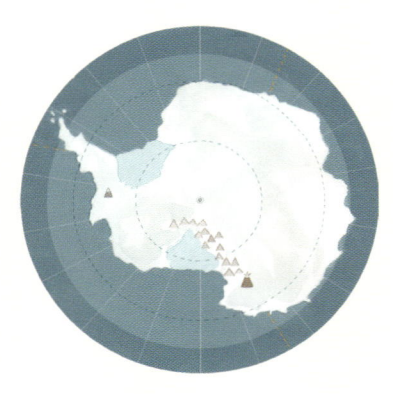

남극, 놀라운 대륙

드레이크 해협

해빙

물속 세상

고래

거대한 빙붕

펭귄과
기각류 무리

남극, 놀라운 대륙

남극 대륙은 경이로움으로 가득한 세상이에요!

나는 운이 무척 좋았어요.

연구원들이 남극 대륙을 탐험할 때, 나를 초대해주었거든요.

우리는 11월부터 4월까지, 여름에 남반부를 여행했어요. 나는 세계 각지에서 온 과학자들과

해양 탐사선을 타고 여행했어요. 남극 대륙의 연구기지도 방문했지요. 남극 대륙은

연구를 하는 곳이기에 군사 활동을 하면 안 되는 곳이에요!

또한 남극 대륙은 기록의 땅이에요. 지구에서 가장 낮은 온도로 기록되었거든요(무려 영하 90도였어요).

바람도 엄청 거세고(시속 300킬로미터), 얼음 두께는 무려 4킬로미터나 되지요.

남극 대륙은 지구 민물(담수)의 67퍼센트를 보유하고 있어요. 하지만 모두 꽁꽁 얼어 있어요. 정말 놀랍죠!

나는 어서 빨리 출발하고 싶어요. 하지만 항해에 앞서 확실히 해둘 게 있어요.

펭귄은 남극 대륙에 살고 있지만 북극곰은 살지 않아요.

북극 지방에는 북극곰이 살고 있지만 펭귄은 살고 있지 않고요.

자, 이제 출발!

방랑하는 알바트로스 새(신천옹).
날개 길이가 3미터나 되는 알바트로스 새는
몸집이 큰 편이에요. 대부분의 시간을
바다 위를 날아다니며 지내요.
매서운 폭풍이 불어와도
별로 신경 쓰지 않는 것처럼 보이지요!

드레이크 해협

'케이프 혼'이라 부르는 남아메리카 남부의 최남단 돌출부와 남극 대륙 사이에는
이 세상에서 가장 거친 바다가 있어요. 바로 무시무시한 드레이크 해협이에요.
우리가 탄 배는 7미터 높이의 파도와 사나운 바람을 그대로 맞고 있어요.
옛날, 케이프 혼을 건너 항해한 선원들은 왼쪽 귀에 귀고리를 다는 상을 받을 만큼
이 바다는 거칠어요. 우리는 꾸물대지 말고 남쪽으로 가야 해요, 선장님!

케이프 혼(혼곶)

빠지직… 와지끈… 와르르! 배가 해빙을 뚫고 길을 내고 있어요.
해빙이란 남극 대륙 주변 바다를 덮고 있는 얼음층을 말해요.
겨울에 이 꽁꽁 얼어붙은 지역은 대륙만큼 넓고, 높이도 2, 3미터에 이르러요.
틈을 내고 나아가기 위해서는 배에 특별한 보호 장치가 있어야 해요!
여름이 오면, 해빙은 녹아서 거의 사라지고 없어요. 그러다 겨울이 되면 다시 커져요.

여기는 배의 앞부분이에요.
'선수' 또는 '뱃머리' 라고 부르지요.

거대한 빙붕

남방큰재갈매기

드디어 남극 대륙에 들어섰어요! 나흘 동안 항해하고 나서
남극 반도에 도착했어요. 얼음이 커다란 벽처럼 우뚝 솟아있고
빙산이 주위를 둥둥 떠다녀요. 남극 대륙에서 얼음이 없는 곳은 1%밖에 안 돼요.
어떤 빙산은 길이가 몇 킬로미터에 이르지만, 쇄빙이라고 부르는 빙산은 무척 작아요.
새벽 3시가 되면 해가 떠올라요. 여름에는 밤이 고작 3시간밖에 이어지지 않아요.

혹등고래가 친구 고래들과
수다를 떨려고 펄쩍 뛰어오르네요.
아니면 그저 재미로 그러는지도 모르지요!

햇빛에 비쳐
빙산이 파랗게 빛나요.

이것은 물속 빙하의 모습이에요. 배에서 우리 눈에 보이는 건 고작 빙하의 1/10 밖에 안 돼요.

물속 세상

우리 배 아래, 남극해는 생명으로 넘쳐나요. 수온은 영하 2도지만, 여기에는 지구에서 가장 오래되고 다양한 생태계가 있어요. 이곳 물속 세상은 거의 알려져 있지 않아요. 매일 새로운 생물 종류가 발견되지요. 그래서 과학자들을 진정한 탐험가라고 할 수 있어요. 지구에서 가장 풍부한 생물이 뭔지 알고 있나요? 그건 바로 남극 대륙에 사는 크릴새우예요. 펭귄, 물고기, 바다표범 그리고 고래가 크릴새우를 먹어요.

이건 '빙어'라는 물고기예요. 빙어의 세포 안에는 천연 부동액이 있어서 차가운 기온에서도 살아남을 수 있어요.

과학자들은 이 로봇으로 물속 동물을 연구해요.

고래

여름이면 남극 대륙에 수많은 종류의 고래가 나타나요.
우리는 여행 중에 수많은 고래를 만날 수 있었어요. 최근까지 무분별한 사냥으로
고래가 멸종 위기에 놓이기도 했지만, 다행히 요즈음에는 고래가 많이 늘어나고 있어요.

혹등고래 Humpback Whale (18미터)

거대한 여행자예요.
해마다 25,000킬로미터 넘게 오가며 넓은 바다를 누벼요.
여름에는 북극에서 먹이를 먹고,
겨울에는 에콰도르 근처에서 짝을 짓고 새끼를 낳아요.
물 밖으로 펄쩍펄쩍 튀어 오르기를 무척 즐겨요.

참고래 긴수염고래, Fin Whale (27미터)

고래 중에서 두 번째로 큰 종류로, 무척 빨라요.
시속 35킬로미터 정도의 속도로 헤엄치지요. 무리를 지어 생활해요.

대왕고래 Blue Whale (33미터)

지금껏 우리에게 알려진 가장 큰 동물이에요. 공룡보다도 커요.
몸무게가 150톤에 이르는데, 심장 무게만도 자동차 한 대 정도라고 해요.
이렇게 덩치가 큰데도 아주 작은 먹잇감, 크릴새우를 먹고 살아요.
하지만 하루에 3,000킬로그램을 먹어치울 수 있어요!

범고래 Killer Whale (9미터)

여러분이 알아차리지 못했을지 모르지만,
범고래는 사실 고래가 아니라 돌고래의 일종이에요.
살아 있는 돌고래 중에서 가장 크지요.
물고기, 펭귄, 바다표범 등을 잡아먹고
살아요. 지능이 무척 높은 포유동물로,
무리 지어 살며 사냥을 해요.
바다의 늑대라고 할 수 있어요.

향유고래 Sperm Whale (18미터)

향유고래는 이 지구에서 이빨이 가장 크고,
거대한 다이버예요. 1시간 30분 동안 물속을
잠수할 수 있고, 3킬로미터 깊이까지 헤엄칠 수 있어요.
향유고래가 가장 좋아하는 먹잇감은 오징어랍니다.

이 사람은 마리아예요.
고래 탐사대를 이끄는 생물학자이지요.
인간에 비해 고래가 얼마나 큰지
보여주고 있어요.

남극밍크고래 Antarctic Minke Whale (10미터)

다른 고래와 비교해 크기가 작은 편에 속해요.
남반부 대양에 살고 있지만 여름을 남극 대륙에서 보내요.
이 고래의 친척은 북반구에 살고 있어요.

세상에! 펭귄, 바다표범, 바다사자, 코끼리바다물범이 엄청 많이 있어요. 수천 마리는 될 것 같아요!
아델리펭귄은 10만 마리 넘게 모여 살고 있어요. 이보다 더 거대한 군락도 있어요. 아델리펭귄은 새끼들을 먹이기 위해
바다에서 오랜 시간을 보내요. 육지에서, 이 펭귄의 유일한 걱정거리는 덩치 큰 도둑갈매기예요.
이 녀석들이 펭귄 알을 먹어치우거든요. 해변에서 바다표범은 별다른 걱정거리가 없어요.
그래서 자기들이 이렇게나 아름다운 곳에 살고 있어서
얼마나 운이 좋은지 생각하며 하루 종일 시간을 보낸답니다.

이 환경운동가들은 기후변화가
새들에게 미치는 영향을
연구하고 있어요.

펭귄

펭귄은 날지 못하는 새예요. 그래도 헤엄도 잘 치고 다이빙도 아주 멋지게 하지요. 펭귄은 바다 밑에서 두 날개를 마치 노처럼 저어 헤엄쳐요. 크릴새우, 작은 물고기와 오징어를 주로 먹고 살아요. 깃털과 피부의 지방 덕분에 몸을 따뜻하게 유지할 수 있어요. 게다가 피와 뼈는 오랜 시간 깊이 다이빙하는데 잘 적응되어 있어요.

생후 4개월 된 황제 병아리

젠투펭귄 Gentoo Penguin (90센티미터)

붉은색 부리, 양쪽 눈 위와 머리 위를 가로지르는 넓은 흰색 띠무늬가 특징이에요. 물속에서 무척 빨리 움직여서, 시속 35킬로미터의 속도로 헤엄칠 수 있어요. 남극 대륙 근처의 섬에 살았지만 요즘 날씨가 따뜻해지자 남극 반도에서도 둥지를 틀고 있어요.

황제펭귄 Emperor Penguin (120센티미터)

펭귄 중에서 가장 커요. 남극 대륙에서 새끼를 낳고 돌보며 겨울을 보내지요. 20분 동안 500미터 깊이까지 다이빙해 들어갈 수 있어요. 이 황제펭귄은 이따금 바다에서 100킬로미터 떨어진 곳에 모여 살기도 해요.

마카로니펭귄 Macaroni Penguin (71센티미터)

볏이 달린 펭귄의 일종이지만, 대부분 다른 곳에 살고 있어요. 마카로니펭귄만 남극 반도에 살아요. 오렌지색 볏이 이마에서 뒤쪽을 향해 나 있어요. 안타깝게도, 마카로니펭귄 수가 줄어들고 있어서 걱정이에요.

킹펭귄 King Penguin (95센티미터)

황제펭귄과 비슷하게 생겼지만 똑같지는 않아요.
황제펭귄보다 조금 더 작아요.
킹펭귄은 남극 대륙에 살지 않고
대륙에서 떨어진 섬에 살고 있어요.

턱끈펭귄 Chinstrap Penguin (76센티미터)

턱 위의 검은색 끈으로 쉽게 구별할 수 있어요.
40만 마리 이상이 모여 살기도 해요. 좀 엉망진창이겠죠!

아델리펭귄 Adelie Penguin (70센티미터)

황제펭귄과 함께 남극 대륙에 살아요. 다른 펭귄들은
남극 반도보다 더 깊숙이 들어가 살지 않아요.
여느 펭귄처럼 바위에 둥지를 틀지만, 아델리펭귄은
조약돌을 모아서 둥지를 짓고 알을 낳아요.

태어나서부터
어른이 될 때까지
아델리펭귄의 성장과정이에요.
처음에는 솜털이 나고
나중에 깃털이 자라요.

기각류

바다표범, 바다사자, 코끼리바다물범은 모두 기각류에 속해요. 퍽 낯설지요?
남극 대륙에 몇 가지 종류가 살고 있지만, 여기에만 있는 건 아니에요.
바다표범은 지중해에서도 볼 수 있거든요.

웨들바다표범 새끼

웨들바다표범 Weddell Seal (3.5미터) (500킬로그램)

지구에서 가장 남쪽에 사는 포유동물이에요. 겨울을
남극 대륙에서 보내는 유일한 포유동물이기도 하고요.
그런데 겨울에는 물속이 물 밖보다 더 따뜻하기 때문에,
웨들바다표범은 머리만 물 밖으로 삐죽 내밀고 살아요.

레오파드바다표범 Leopard Seal (4미터) (500킬로그램)

남극 대륙에서 가장 무서운 포식자예요. 다른 바다표범들은
물고기, 크릴새우, 오징어를 먹는데 레오파드바다표범은
펭귄은 물론이고 다른 바다표범도 잡아먹어요.

로스바다표범 Ross Seal (2미터) (200킬로그램)

남극 대륙에 사는 가장 작고 가장 특이한 바다표범이에요.
다른 바다표범처럼, 물속에서 특이한 휘파람소리를 내어
의사소통을 해요.

게잡이바다표범 Crabeater Seal 2.5미터 300킬로그램

지구에서 제일 많은 대형 포유동물이면서 가장 많은 바다표범 종이기도 해요.
이름과는 다르게 게를 잡아먹지 않고 크릴새우를 먹고 살아요.
게잡이바다표범은 파도에 밀려 둥둥 떠다니는 얼음덩이 위에 누워 있기를 즐겨요.

바다사자 Sea Lion 2미터 180킬로그램

바다사자는 바다표범처럼 생기기는 했지만
바다표범과는 다르게 귓바퀴가 있어요.
'사자'라는 이름에 너무 신경 쓰지 마세요.
이 녀석은 크릴새우와 물고기만 먹고 사니까요.

코끼리바다물범 Elephant Seal 수컷 6미터 | 4,000킬로그램 암컷 4미터 | 800킬로그램

상당히 희한하게 생긴 수컷의 코를 따라 이름을 지었어요. 새끼를 낳는 계절이 되면,
수많은 수컷 코끼리바다물범은 그림처럼 해변에서 싸움을 해요.

이 커다란 기후관측기구 덕분에 기후학자들은 지구의 대기를 연구할 수 있어요.

과학

앞으로 다섯 달 동안, 우리는 이 남극 대륙 연구기지에서 조사를 할 계획이에요.
여러 나라에서 과학자들이 이곳에 왔어요. 남극 대륙에서는
모든 나라가 서로 도우며 연구기지와 배를 함께 사용해요.
인간이 이 지역에 정착한 적은 한 번도 없었어요. 조금도 오염되지 않아서,
지구가 어떻게 돌아가는지 연구하기에 가장 적당한 곳이지요.
이곳은 정말 대단한 천연 연구실이에요!

수백만 년 전, 남극 대륙은 식물과 동물로 넘쳐났어요.

고생물학자들은 바위 사이에 남아 있는 화석을 찾고 있어요.

빙하는 바다를 향해
천천히 움직여요.
빙하학자들은 이 표시를 이용해
빙하가 얼마나 느리게
움직이는지 연구해요.

기상학자들은 드릴이 달린
장비를 이용해 빙하에서
얼음조각을 추출해요.
이 얼음은 수천 년 전에
생긴 것이기 때문에,
당시 지구의 흔적을
잘 간직하고 있어요.

눈보라!

남극 대륙에서는 바람도 낮은 기온만큼이나 위험해요. 시속 300킬로미터까지 바람이 거세게 불 때도 있는데,
이런 차가운 바람을 '활강풍(katabatic wind · 滑降風)'이라고 불러요. 지구에서 가장 매섭고 강한 바람이지요.
바람이 일으키는 눈보라 때문에 아무것도 보이지 않아요. 과학자들은 피난처를 찾아 연구기지 안에 있어야 해요.
연구에 사용하는 장비도 모두 기지 안에 보관해야 하고요. 안 그러면 망가질 테니까요.
이런 상황이 며칠 동안 이어지면 연구기지는 아주 위험해질 수도 있어요.

어떤 펭귄은 눈에 파묻힐 수도 있어요.
펭귄이 차가운 온도를 견디고
살 수 있으니 무척 다행이에요.

얼음 위의 우리 기지

밖의 온도를 생각하면, 기지 안이 이렇게 따뜻하다는 게 상상하기 쉽지 않아요. 폭풍이 잦아질 동안 과학자들은 다음 조사 준비를 하고, 연구하고, 아이디어를 서로 교환하고, 쉬기도 하면서 시간을 보내요.

이 연구원은 스페인에 있는 가족과 화상 채팅을 하고 있네요.

이 연구기지는 12월부터 4월까지, 남반부의 여름 동안만 문을 열어요. 그래서 과학자들은 날씨가 비교적 괜찮을 때, 일주일에 7일 동안 매일 열심히 연구를 하지요.
연구기지는 태양전지와 풍력발전용 터빈을 이용해 에너지를 생산해요. 그리고 쓰레기는 모두 재활용하고요.
최대한 환경을 파괴하지 않으려고 노력한답니다!

활주로. 비행기를 타고 이곳으로 올 수 있어요.

남극, 남위 90도

남극

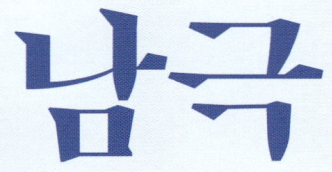

남극! 이곳은 지구에서 가장 남쪽 지점, 남위 90도인 곳이에요.
여러분이 어디를 바라보든, 여기에서는 언제나 북쪽을 보게 돼요. 우리는 남극 대륙의
한가운데에 거의 가까이 있어요. 수백 킬로미터 얼음으로 둘러싸인 곳이지요.
우리 발밑에는, 얼음 두께가 거의 3킬로미터에 이르러요. 미국은 겨울에도
운영할 수 있는 거대한 기지를 지었어요. 바로 아문센-스콧 연구기지예요.
이 먼 곳을 연구한 최초의 탐험가들을 기리기 위해 붙여준 이름이랍니다.

1911년, 노르웨이 사람 아문센과
영국 사람 스콧이 남극에 누가 먼저 도착하는지
경쟁을 시작했어요. 아문센이 이겼지만
스콧은 중요한 과학적 발견을 했어요.

로알 아문센

로버트 팰컨 스콧

이건 스콧이 발견한 나무 화석이에요.
이 화석 덕분에 우리는
남극 대륙의 역사 및 식물에 대해
더 잘 이해할 수 있게 되었어요.

아문센과 동료들이 남극에 도착했을 때의 그림

망원경으로
저 멀리 별도 볼 수 있어요.
공해와 도시의 화려한 불빛이 없기 때문에, 그리고 아주 높은 곳에 있기에,
남극은 이 세상에서 별을 볼 수 있는 최고의 천문대랍니다.

화산

얼음 속에 불이라니! 정말 믿기지 않아요! 남극 대륙에는 커다란 산이 많이 있어요. 어떤 산은 높이가 4,000미터가 넘어요. 마운트 빈슨(Mount Vinson, 4,897미터)은 남극 대륙에서 가장 높은 산이에요. 그림에 보이는 에러버스 산(3,794미터)은 활화산이에요. 지구에는 밖으로 훤히 드러난 용암화산이 10개도 안 되는데, 그 중 하나가 바로 에러버스 산이지요. 뜨거운 가스가 밖으로 나올 때, 눈과 얼음을 녹여 동굴과 분연구(噴煙口)가 생겨나요.

남극 횡단 산맥. 길이가 3,600킬로미터가 넘어요.

얼음 분연구

이 동굴은 무척 깊어요.
과학자들이 아래로 내려가
조사를 할 거예요.

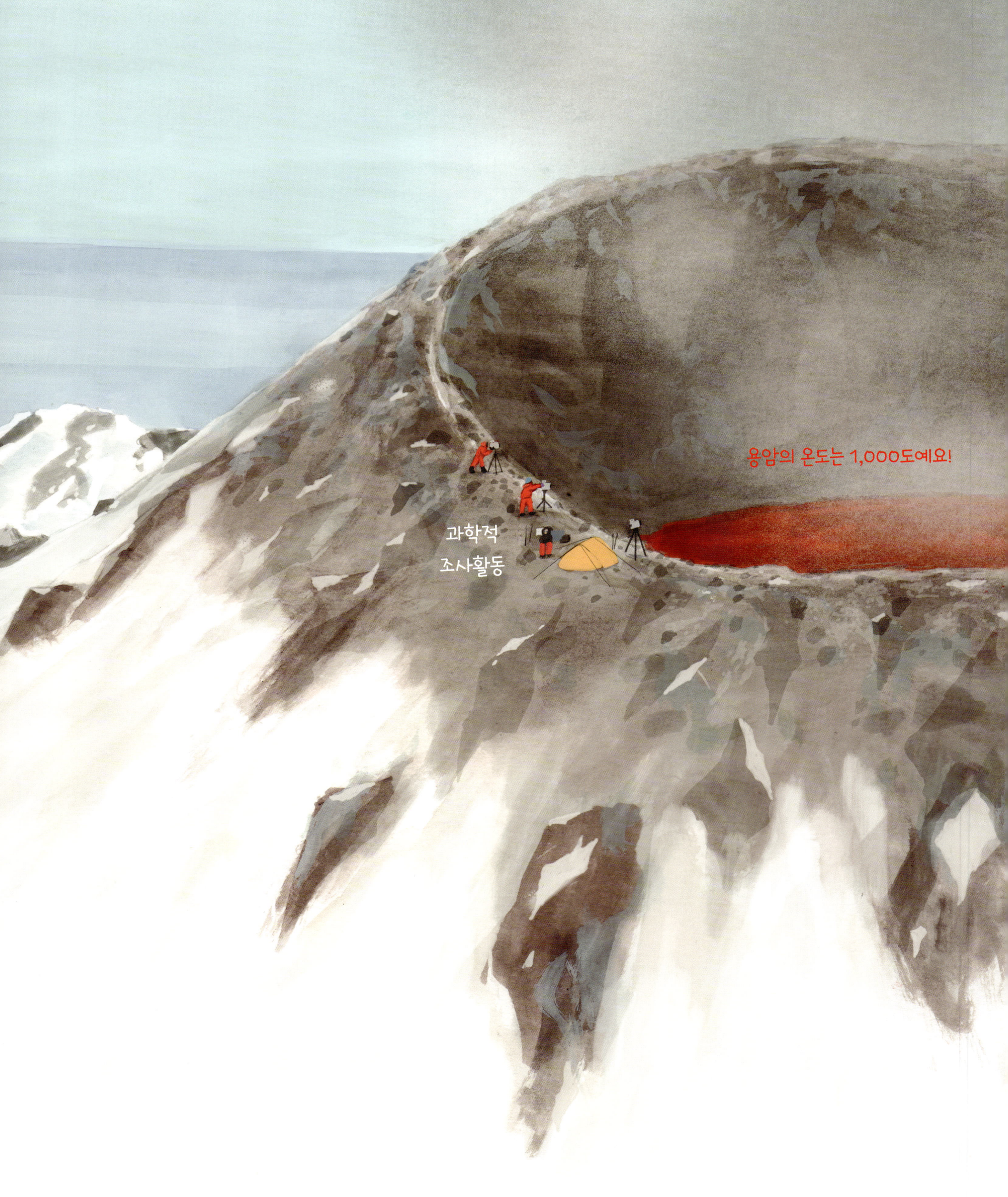

남극 대륙의 생명

아, 이런. 우리가 남극 대륙에 작별인사를 해야 할 시간이 되었어요! 우리는 이곳에서 정말 멋진 시간을 보냈어요. 하지만 이제 집으로 돌아가야 해요. 과학자들이 배에 올라타고 나면, 이 기지는 내년 여름까지 문을 닫을 거예요. 남극 대륙은 정말 멋지지만 인간의 활동으로 이곳이 위험해질 수도 있어요. 우리는 이 대륙이 사라지게 내버려두면 안 돼요!

몇몇 관광객들이 남극을 여행하는 건 크게 문제가 되지는 않지만, 사람이 너무 많아지면 통제하기 힘들어져요!

- 관광객들이 동물 가까이 가면, 동물들은 스트레스를 받고 고통스러워할 거예요.
- 때때로 과학자와 관광객들이 자기도 모르게 고향에서 신발 안에 씨앗을 가져올 수 있어요. 그러면 풀이 제멋대로 자라고 다른 동물들에게 영향을 미칠 수 있어요.
- 남극 대륙에는 아주 귀중한 석유와 미네랄이 있어요. 하지만 이런 자원을 함부로 추출하다보면 물과 공기의 오염을 일으킬 수 있어요. 그래서 지금까지도 채광산업은 금지하고 있어요.
- 우리의 자동차와 공장 때문에 지구가 점점 뜨거워지고 있어요. 기온이 높아져 얼음이 녹고 있는데, 얼음이 없으면… 남극 대륙도 사라지고 말 거예요.
- 수온이 올라가면, 어떤 물고기는 번식할 수 없게 되고, 그러면 멸종하고 말아요.

일부 배는 허용량보다 물고기를 더 많이 잡아요. 심지어 금지된 물고기를 잡는 배도 있어요.

혹독한 겨울

겨울이 찾아왔어요. 이제 24시간 동안 밤이 이어질 거예요. 태양은 모습을 드러내지 않아요. 차가운 기온은 참기 힘들 정도로 혹독해요. 기온은 영하 50도에 이르러요. 몇 개의 기지만 열어두고, 동물 대부분은 남극 대륙을 떠나 북쪽으로 이주해요. 수컷 황제펭귄만 이곳에 남아 알과 부화한 새끼들을 돌봐요. 암컷 황제펭귄은 이듬해 여름이 올 때까지 바다에서 물고기를 잡으며 겨울을 보내요.

황제펭귄은 서로 꼭 붙어서 온기를 나눠요.
그렇게 하지 않으면, 얼어 죽을 테니까요.

겨울에서 여름이 오기까지는 무척 황량한 시기이지만
남극 대륙에서 살면 커다란 보상이 따르지요.
바로 별이 총총 빛나는 하늘의 남극광(오로라)을 볼 수 있어요.

남극 대륙은 누구의 것일까?

남극 대륙은 지구의 여섯 번째 대륙으로 유럽이나 미국보다 1.5배 커요.
하지만 누구의 땅도 아니에요. 어느 나라도 남극 대륙이
자기 땅이라고 주장할 수 없어요. 남극 대륙은 우리 모두의 것이니까요!

기후가 너무 혹독하기 때문에 인간이 남극 대륙에서 살았던 적은 없어요.
그래서 남극 대륙을 발견했을 때, 몇몇 나라에서 소유권을 주장한 적이 있어요.
모두들 나름대로 요구했지만 합의에 이르지 못했어요.
전쟁이 터질 위기의 순간, 1959년 미국 워싱턴에서 조약을 맺었지요.

이 조약은 남극 대륙에 하나밖에 없는 법으로,
모두에게 적용되는 국제법이에요.

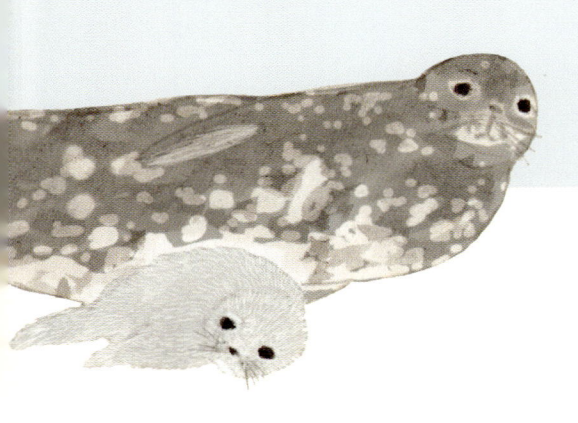

남극 조약에는 이런 내용이 들어 있어요

· 어떤 나라든 남극 조약에 동의해야만, 남극 대륙에서 탐사활동을 할 수 있다.
· 남극은 평화로운 대륙이다. 군사 활동 및 핵 실험은 할 수 없다.
· 남극 대륙은 과학에 바친다. 과학자들에게 우선권이 있다.
· 각국은 서로 협력해야 한다. 자국의 배와 연구기지에 다른 나라에서 온 과학자들을 받아들여야 한다.
· 어떠한 일이 있어도 자연을 보존해야 한다.
· 환경오염이나 쓰레기를 버리는 일은 할 수 없다.
· 채광 및 석유 채굴을 할 수 없다.
· 낚시는 제한한다.

누가 남극 대륙을 발견했을까?

남극 대륙은 인간이 마지막으로 발을 디딘 땅이에요. 2,000년 전, 그리스의 철학자들은 북쪽에 광활한 영토가 있으니, 남쪽에도 마찬가지로 땅이 있을 거라고 말했어요. 하지만 당시에는 누구도 이 땅을 직접 보지는 못했지요!

수백 년 동안, 지질학자들은 오늘날 남극 대륙이라고 알려진 땅을 묘사했어요. 그러면서 이 땅을 '테라 아우스트랄리스 인코그니타(Terra Australis Incognita)'라고 불렀어요. 라틴어로 '알려지지 않은 남쪽 땅'이란 뜻이에요.

1603년, 스페인 선원 가브리엘 드 카스티야(Gabriel de Castilla)가 케이프 혼 근처를 항해하다 폭풍을 만났어요. 그 배는 바람에 밀려 남쪽으로 갔어요. 스페인으로 돌아왔을 때, 가브리엘은 눈으로 뒤덮인 커다란 산맥을 보았다고 말했어요. 그곳이 아마도 남극 대륙이었을 거예요. 하지만 당시에는 누구도 확실히 알지 못했어요.

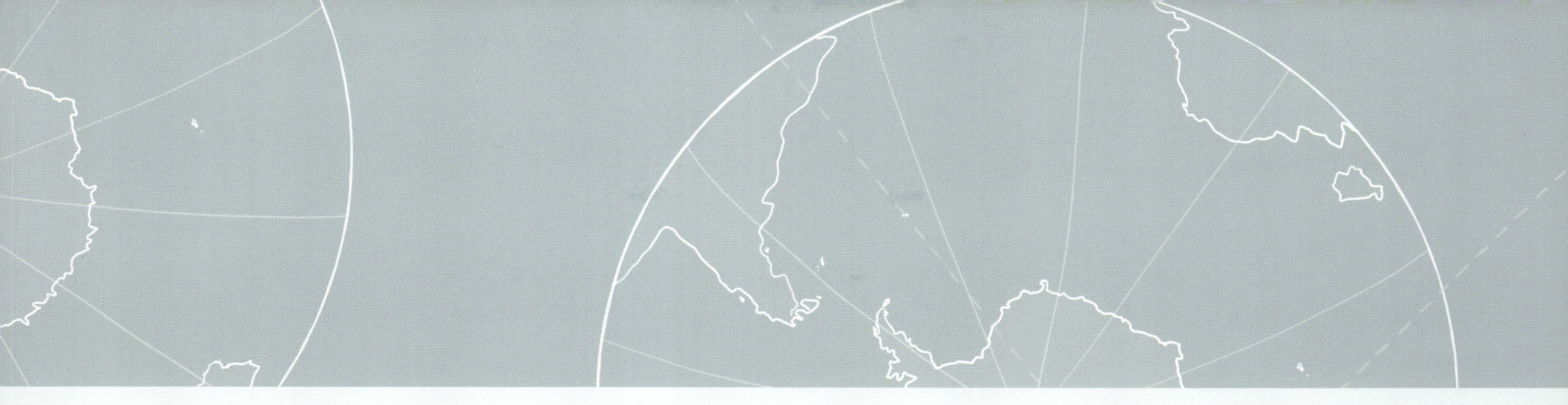

1819년, 영국의 바다표범 사냥꾼이 폭풍 속에서
남극 반도에 발을 디딘 사실을 알아차렸어요.
그 사람의 이름은 윌리엄 스미스예요. 윌리엄은
남극 대륙의 발견자라고 알려져 있어요.
윌리엄 이후 1914년까지, 위대한 남극탐험대들이
이곳에 속속 도착했어요. 새클턴, 스콧, 아문센, 모슨, 뒤르빌,
웨델, 겔라쉬, 벨링하우젠, 윌크스, 클락 로스, 노르덴스퀼드,
샤르코, 드라이갈스키, 시라세 같은 사람들이요.

이들은 모두 무척 용감한 탐험가로,
우리에게 놀라운 과학적 발견을 선물해주었어요.

1914년 이후, 여러 나라에서 온 수많은 과학자들이
남극 대륙을 조사하고 있어요. 이름을 여기서 다 말할
수는 없지만, 과학자들의 노고는 과거의 개척자들
및 앞으로 올 연구자만큼이나 중요하답니다.

사실, 만약 이 책을 읽으며 남극 대륙 여행을
이미 꿈꾸고 있다면, 여러분은 이 놀라운 대륙의
비밀을 밝힐 미래의 과학자가 되어야 해요.

남극 대륙 관련 용어사전

반구 | 지구를 둘로 나눈 한 부분. 우리는 보통 북반구와 남반구를 말할 때 사용한다. 지구는 이렇게 적도를 따라 둘로 나뉜다.

위도 | 지구 위의 위치를 나타내는 좌표축 중에서 가로로 된 것. 적도를 중심으로 남북으로 평행하게 그은 선이다. 적도를 0도로 하여 남북으로 각 90도로 나누는데 북쪽의 것을 북위, 남쪽의 것을 남위라고 한다.

빙산 | 빙하에서 떨어져 나와 호수나 바다에 흘러 다니는 얼음덩어리. 공만큼 작은 것도 있고, 도시 하나만큼 큰 것도 있다.

빙하 | 육상에 퇴적한 거대한 얼음덩어리가 중력에 의해 강처럼 흐르는 것. 바다의 얼음덩어리는 '해빙'이라고 부른다.

남극빙상 | 남극 대륙을 구성하는 빙상으로, 전 세계 얼음의 90% 이상을 차지한다. 여기에는 남극 대륙의 빙하가 모두 포함된다. 해빙과 빙산은 바다의 얼음이기 때문에 남극빙상의 일부로 간주되지 않는다.

남극권 | 남반구에서 따졌을 때 위도 66.5도에서 극까지의 지역을 말한다. 일 년에 한 번, 태양이 지평선 위에 24시간 떠 있는데, 이것을 '백야(미드나이트 선)'라고 부른다. 또한 밤이 24시간 이어지는 날이 있는데, 이것을 '극야'라고 부른다. 남극은 북극에서와 마찬가지로, 낮과 밤이 각각 6개월 동안 이어진다.

남극반도 | 남극에서 가장 북쪽으로 뻗은 반도로, 남극 대륙에서 유일하게 남극권 바깥에 해당하는 부분이다. 남극에서 북쪽인 남아메리카 방향으로 S글자 모양으로 가늘게 뻗어 있다.

남극 순환해류 | 남극 대륙 주변을 서에서 동으로 시계방향으로 흐르는 차가운 해류. 지구상에서 가장 거대한 해류이다.

남극탐험의 영웅시대 | 19세기 중반부터 1920년까지 세계 각지에서 온 수많은 탐험가들이 남극 대륙을 탐험하기 위해 나섰다. 이들은 역경을 이겨냈지만, 어떤 이들은 목숨을 잃기도 했다. 이 시대의 영웅들이 미래의 탐험가들을 위해 길을 개척했다.

해양탐사선 | 바다를 연구하기 위해 특별히 만들어진 배. 물 위에 떠 있는 실험실이다!

국제 극지의 해 | 극지를 연구하기 위해 공동협력의 과학적 연구 행동. 수많은 나라에서 조직되었고, 1882년 이후 매 50년마다 열린다. 가장 최근에는 2009년에 열렸다.

남위 60도 | 적도 남쪽 60도를 지나는 위선이다. 남위 60도는 남극해의 북쪽 경계가 되며, 남극조약의 적용을 받는다.

협력 | 남극 대륙에서 활동하는 모든 나라, 과학자, 선장 등 모든 사람들에게 꼭 필요한 정신이다. 서로를 돕고 협력하는 것이 이렇게 가혹한 땅에서는 꼭 필요하다. 지구의 나머지 모든 곳에서도 이 정신이 널리 퍼지기를 바란다!

마드리드 의정서 | 남극 환경보호체제를 굳히기 위한 국제협약. 정식명칭은 '환경보호에 관한 남극조약 의정서'이다. 기본 원칙은 남극에서 이루어지는 모든 인간 활동으로부터 남극 환경과 생태계를 보호하는 것이다. 채광 및 석유 채굴은 앞으로 50년 동안 금지되었다.

생태계 | 어느 환경 안에서 자라는 생물군과 그 생물들을 제어하는 모든 요인을 포함하는 복합 체계. 식물 및 동물의 서식환경을 모두 포함한다. 더불어 그 사이에 존재하는 관계를 가리키기도 한다.

용감하고 지혜로우며 아름다운 지구를 위하여

마리오 쿠에스타 에르난도 Mario Cuesta Hernando

나의 용감한 친구, 플로르에게
내가 이 책의 그림을 그리는 동안, 플로르는 가장 힘든 항해를 시작했다.

라켈 마르틴 Raquel Martin